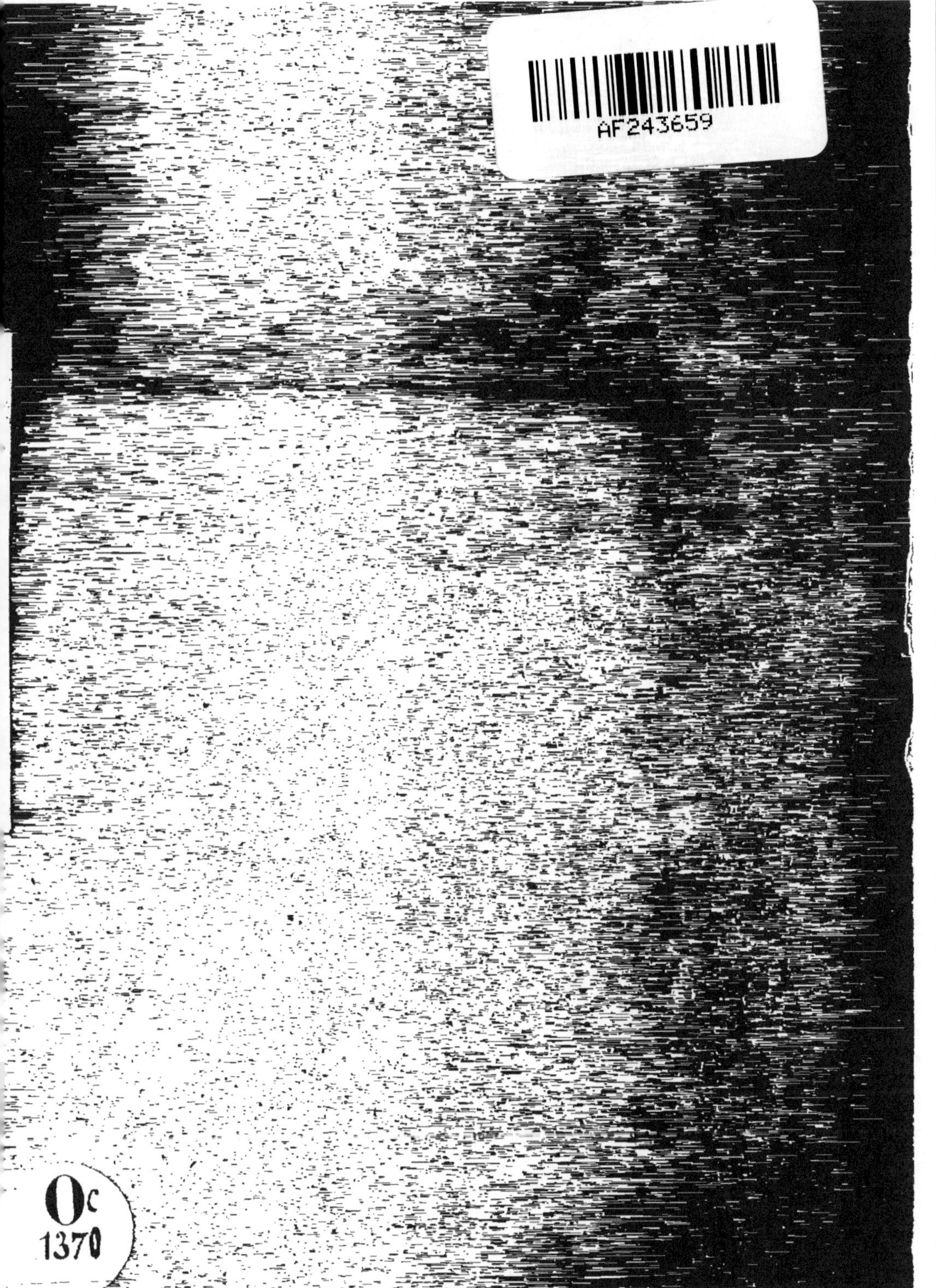

L'ANARCHIE

ESPAGNOLE

PARIS

E. DENTU, LIBRAIRE-ÉDITEUR

GALERIE D'ORLÉANS, 17 ET 19, PALAIS-ROYAL

—

1868

L'ANARCHIE ESPAGNOLE

Anarchie, c'est le mot, et nous le prouverons par des faits, rien que par des faits.

Forcément, nous serons laconiques, et écrirons, comme on nous lira, *à la vapeur*.

Mais, d'abord, un aveu.

Né en Espagne, que nous avons habitée pendant vingt-deux ans, établi à Paris, que nous habitons depuis vingt ans ; combattant des dernières guerres civiles, en relations constantes avec des Espagnols et des Français de toutes les opinions, nous croyons être plus à même que d'autres de photographier ces faits et de les présenter aux hommes politiques de l'Europe.

Essayons.

Oui, il y a anarchie en Espagne, nous ne pouvons plus dire *révolution*.

Si l'émeute populaire de Cadix avait été assez forte, si l'Espagne avait été assez mûre pour faire une *révolution*, cette révolution aurait suivi l'une de ces deux voies :

1° Proclamer une République fédérative, avec toutes ses conséquences ;

2° Préparer exclusivement et loyalement les élections aux *Cortès constituantes*.

Ou l'illégalité avec tous ses excès, où la légalité avec toute sa modération.

L'anarchie éclate de toutes parts.

Les quarante-neuf provinces espagnoles n'ont plus aucun lien entre elles. Leur ancienne autonomie, que trois siècles d'unité catholique ont à peine modifiée, se manifeste vigoureusement.

Les unes suppriment les octrois, les autres réforment le tarif des douanes. Ici on démolit les églises catholiques, là on édifie des temples protestants et israélites; celles-ci reconnaissent le ministère Serrano-Prim, celles-là, la Catalogne, les provinces basques, etc., le combattent. Les provinces du Sud crient : *A bas les fueros et les priviléges* des provinces du Nord; les provinces du Nord s'arment pour défendre leurs priviléges et leurs fueros.

N'insistons pas sur les assassinats en plein jour commis à Madrid, à Saragosse, à Séville; sur les confiscations de la junte de Malaga, sur la lutte intestine de celle de Santander, sur les incendies des palais, des archives et du *concordat*.

Hélas! ce n'est que le commencement d'un 93 espagnol, que tout présage, que tout amène fatalement.

Cette anarchie est le résultat inévitable des *inconséquences* de la révolution.

En effet, la révolution tombe dans l'*inconséquence*, et de plus dans la *tyrannie*,

1° Quand elle crie : « *A bas les Bourbons* » empiétant sur la première et la plus grave des prérogatives de la souveraineté nationale ;

2° Quand elle proclame *la liberté des cultes*, que les Cortès constituantes de 1854 elles-mêmes n'osèrent pas décréter ;

3° Quand elle impose *la liberté d'enseignement* que la France de 89 et de 1848, quoique très-démocratique, n'a pas cru devoir accorder l'année dernière ;

4° Quand elle exclue les *démocrates*, les *modérés* et les *carlistes* du gouvernement provisoire, où tous les partis devraient être représentés ;

5° Quand elle annule les récompenses accordées à l'armée depuis l'émeute du général Prim, en 1866, ne respectant même pas les *droits acquis*, et affaiblissant la discipline des troupes, qui doivent aujourd'hui la défendre.

6° Quand elle *déporte sans jugement* comme plusieurs juntes l'ont fait déjà (1), absolument comme au temps de Narvaez ;

7° Quand elle abolit les droits d'octroi et réduit les droits de douane, etc., frappant, par contre, de *nouvelles contributions* ;

8° Quand elle arme le peuple et augmente par ce fait l'armée *au lieu de la réduire*, préparant ainsi un conflit qui provoquera tôt ou tard une bataille non moins sanglante que celle de Paris, en juin 1848 ;

9° Quand son persévérant et énergique instigateur le *général Prim* déclare à l'Europe, dans une lettre aux formes plus qu'excentriques, que l'idéal politique de la nouvelle révolution est la *monarchie constitutionnelle !*

Si du moins le suffrage universel pouvait fonctionner en Espagne ? — Si les élections, qui doivent nommer les Cortès constituantes, étaient possibles ?

(1) Un fait entr'autres. — La junte de Cadix a jugé, condamné et déporté à Ceuta, *séance tenante*, le S. Sanchez Campa, arrêté *illégalement* par quelques individus du parti démocratique pour des propos, qui, quoique inoffensifs, ont été cause de quelques désordres dans l'église de Santo-Domingo. — C'est plus que de la justice expéditive. L'arrêt est signé par le président *Juan Bautista Topete* et le secrétaire *Francisco Lizaur.*

Parce qu'Espagnol nous ne pouvons l'espérer.

Trois causes s'y opposent, l'une *morale,* l'autre *matérielle,* l'autre *pratique.*

Nous ne craindrions nullement le suffrage de tous les Espagnols, *librement exprimé* COMME PLÉBISCITE : comme rouage électoral, il lui faudrait des conditions de pratique, d'indépendance et de liberté qui n'existent pas en Espagne.

Veut-on demander par *oui* et *non* si l'Espagne est monarchique ou républicaine?

Nous acceptons cette épreuve solennelle, décisive.

Peut-on improviser dans toutes les classes de la Péninsule l'exercice des devoirs politiques?

Non, évidemment non.

Le gouvernement d'Isabelle ayant été pendant trente-cinq ans un *absolutisme continuel,* la nation espagnole ne possède pas encore l'instruction et la raison pratique nécessaires pour voter par voie directe et en masse les *députés constituants.*

Un des reproches les plus sanglants que l'histoire fera à ce sanglant règne est de ne pas avoir élevé le niveau intellectuel de l'Espagne. — Sur 16 millions d'habitants, dont 12 d'adultes,

3,124,895 seulement savent lire et écrire ;

705,259 savent seulement lire (1).

Il est notoire aussi que ce gouvernement a constamment bâillonné la presse.

Le nombre des feuilles politiques et leur tirage est très-limité. A part un petit journal, comme celui de Paris, tous les autres ensemble ne réunissent pas autant d'abonnés que la *Liberté* ou le *Siècle,* dont le chiffre pourtant est si loin de ceux du *Times* et des journaux américains.

Quant à la bibliographie, stérilité à peu près complète.

---

(1) Anuario estadístico, f° 44, ano 1860 a 1861.—Imprenta nacional Madrid.

Examinons la cause matérielle.

Et d'abord, quoique la superficie territoriale de l'Espagne soit presque aussi grande que celle de la France, elle ne compte, nous l'avons dit, que 16 millions d'habitants. De là peu de voies de communications, de grandes difficultés et de non moins grands dangers, surtout en pleine anarchie, pour les déplacements des électeurs. Aussi, et malgré le zèle des gouverneurs (préfets des provinces), le nombre des électeurs *votants* a toujours été infime.

Les nations, comme les individus, ont un tempérament propre, et ce tempérament tient aux influences géologiques. L'instruction peut à la longue le modifier, jamais le transformer. Au risque de faire du romantisme, nous dirons que la *sieste* et les combats de taureaux sont pour nous caractéristiques. Le tempérament espagnol est au tempérament des Français et à celui des Allemands comme le jerez est au bordeaux et à la bière.

Bref, notre caractère est essentiellement indolent et passionné. Nos compatriotes ne me contrediront pas.

Or, l'indolence de la majorité des électeurs les empêchera, cette fois, comme par le passé, d'accourir aux élections, et la passion de la minorité, surexcitée maintenant au plus haut degré, transformera celles-ci en une lutte à coups de couteaux et de fusils, — cette petite guerre civile, pendant les élections, sera suivie d'une grande, car la majorité qui ne se déplacera pas, voudra renverser ce qu'elle n'aura pas élevé.

Arrivons à la cause pratique :

Dans la première junte de Madrid, la révolution avait placé quatre unionistes, quatre progressistes, quatre républicains. Pour être logique et loyale, elle devait y placer aussi quatre modérés (juste milieu) et quatre carlistes.

Une question.

Pourquoi les républicains ou démocrates, comme ils s'intitulent, ne sont-ils pas représentés dans le ministère Serrano-Prim ?

Ou il y a exclusion préconçue ou entente mystérieuse.

Dans le premier cas, les républicains prendront bientôt leur revanche, car ils ont plus de raisons d'être révolutionnaires que les monarchiques.

Dans le deuxième cas, et malgré sa lettre peu célèbre, Prim sera, à son heure, à la fois leur drapeau et leur président.

Il est probable que, dans les deux cas, nous assisterons à un coup d'État quelconque qui empêchera les élections.

Au reste, on parle déjà d'un prochain plébiscite. Tout est possible, et surtout plus possible que les élections.

Pourquoi pas cette inconséquence de plus? cette tyrannie de plus ? Pourquoi la révolution n'escamoterait-elle pas la volonté plus ou moins libre de la souveraineté nationale?

Il faut craindre encore.

L'explosion de l'antagonisme *ancien* et forcément *futur* entre Prim et Serrano. Nous aurons la deuxième édition de la bataille sourde entre O'Donnell et Espartero en 1854 — En ce cas, vous devinez la nouvelle victime :   SERRANO!

La confusion des pouvoirs, répartis entre la *junte supérieure* et le ministère Serrano-Prim, qui est incontestable. Ainsi la junte empiète sur le ministère en décrétant la dissolution des conseils municipaux, et le ministère empiète sur la junte en ordonnant la dissolution de celle de Santander, etc., etc.

Mais admettons l'hypothèse de la réunion des Cortès constituantes.

Les solutions suivantes seront posées, et pas d'autres :

> République,
> Union Ibérique,
> Montpensier,
> Prince des Asturies,
> Charles VII.

Les hommes d'Etat et les publicistes impartiaux conviendront qu'il faut tenir compte, pour le choix à faire :

1° Des mœurs et des traditions du pays ;

2° De l'apport de chaque solution ;

3° Des intérêts internationaux.

Afin de préciser l'apport des solutions, classons les partis politiques de l'Espagne :

       1° Républicains ou démocrates ;

       2° Unionistes ;

       3° Progressistes ;

       4° Modérés (juste milieu);

       5° Carlistes ou légitimistes.

Eh bien ! la République n'est ni dans les mœurs, ni dans les traditions de l'Espagne, ni dans les intérêts de la France, ni dans ceux de l'Europe. La forme républicaine, que la France, à la fois intelligente et démocratique, n'a pu conserver en 1848, qu'aucune autre nation d'Europe ne réclame, est matériellement impossible, non-seulement pour l'Espagne, mais pour les races latines.

Des rêveurs seuls peuvent la demander.

Elle est antipathique à toutes les majorités de l'Europe, et ses partisans de la *veille* deviennent toujours ses ennemis du *lendemain*.

Nous en appelons aux républicains français de bonne foi.

Ajoutons que la grande assemblée de républicains de Madrid du 11 courant, n'a pas pris en considération la proposition suivante signée pourtant par Orense, Ortiz, Joarirty, Figueras, Becerra, Sorni, Garcia Lopez.

« Nous demandons à la réunion qu'elle veuille bien déclarer » que la forme péculière du gouvernement de la démocratie est » la république fédérale. »

Laissons parler un des orateurs qui l'a combattue, et qui est un des chefs républicains et un des meilleurs penseurs de l'Espagne.

M. Cristino Martos, ami intime du grand poète Emilio Caste-
lar, a déclaré « qu'il fallait s'arrêter devant l'idée de la républi-
» que; qu'il valait beaucoup mieux une monarchie démocratique
» comme l'empire du Brésil, qu'une république comme celle du
» Paraguay, dont le gouvernement était la plus oppressive des ty-
» rannies, la dictature la plus absolue; que l'Espagne aujourd'hui
» comme république durerait *quatre jours* et laisserait derrière
» elle une traînée de sang, et un souvenir peut être honteux et
» haïssable. »

C'est vrai ; le tempérament trop passionné des Espagnols fe-
rait verser la république dans le double écueil de *l'anarchie* et de
la *dictature*. N'oublions pas les tumultes de l'Assemblée consti-
tuante de 1848, l'indifférence des Italiens aux proclamations in-
cendiaires de Mazzini, la résignation significative du citoyen Gari-
baldi à la royauté de Victor-Emmanuel.

Disons aussi très-haut que *le principe d'autorité*, que menace de
plus en plus *la révolution européenne,* serait atteint par la forme
républicaine, non pas *théorique* mais *pratique*.

Trois victoires ont été gagnées en effet par la Révolution depuis deux siècles.

La première, livrée par Luther et Calvin sur le *terrain reli-
gieux ;* la deuxième, livrée par les théories des conventionnels
sur le *terrain politique* ; la troisième, livrée par les principes de
1848 sur le *terrain social*.

Une quatrième victoire de réformateurs contre la double base de
la *famille* et de la *propriété*, sur le *terrain républicain*, tel qu'on le
pratiquerait, serait une CATASTROPHE SOCIALE.

Sentinelle avancée, nous crions donc aux conservateurs : *Pre-
nez garde à vous !*

Constatons que la République n'apporterait au gouvernement

nouveau que les *républicains*, dont le nombre est insignifiant, et qui se cache même sous le masque de la *simple démocratie*.

Donc, elle serait combattue par les unionistes, par les progressistes, par les modérés et par les carlistes.

Quatre contre un, ce serait toujours la guerre civile.

Enfin la république compromettrait vraisemblablement la paix de la France et peut-être celle de l'Europe.

L'*Union Ibérique* est également impopulaire en Espagne et en Portugal.—L'ancienne rivalité, l'inimitié même de ces deux voisins sont loin d'être éteintes. Il en est du Portugal comme des anciennes possessions espagnoles ; tantôt province, tantôt fief de la couronne de Castille, il craindrait sa domination. — Par contre, pas un Espagnol ne voudrait être *portuguisé*.

Il faut laisser au temps, au télégraphe, aux chemins de fer, aux traités de commerce la tâche plus que difficile de rapprocher les *volontés et les intérêts* de ces deux peuples, avant de les fusionner politiquement.

L'unité italienne n'a fait que *piémontiser* les divers États de cette péninsule, sans avantages pour aucun. — Les annexions de la Pologne ont été fatales à la fois pour cet ancien royaume et pour les annexeurs.— L'unité allemande n'est pas encore faite, et, en dépit de Sadowa, couve déjà une guerre internationale des plus formidables.

Ses divers et brusques *agglomérations* ne sont pas encourageantes.

Pas de précipitation.

Puis la dynastie de Portugal est étrangère, ce que la fierté castillane n'acceptera pas, et elle serait trop anglaise pour la France et d'autres nations.

Que dire de Montpensier?

Aucun Espagnol ne l'a appelé, et il doit connaître assez leurs sentiments de nationalité pour briguer cette couronne. — Étranger aussi, il retrouverait le peuple de Sagonte et du 2 mai.

Au reste, il quitta en 1848 trop tôt les Tuileries, et n'est pas rentré maintenant assez tôt à Séville. — Les descendants du Cid méritent un prince qui se presse moins pour se retirer et plus pour avancer.

Beau-frère d'Isabelle, il *serait combattu* par les cinq partis espagnols qui ne veulent plus entendre parler des deux filles de Christine.

Frère du duc d'Aumale et oncle du comte de Paris, il *serait combattu* à outrance par des voisins qu'il est inutile de menacer.

Ne nous arrêtons pas à l'ex-prince des Asturies.

La chute de sa mère a été trop demandée, trop acclamée, et une régence a trop d'inconvénients pour admettre cette candidature.— Cette famille, qui a été cause d'une guerre fratricide de sept ans, qui a promis toutes les libertés et qui n'en a permis aucune, qui a donné le coup de grâce à l'ancien prestige extérieur de la patrie de Charles-Quint, qui a épuisé les finances de l'Etat et démoralisé presque toutes les administrations, dont l'ingratitude envers tous les partis a été scandaleuse, n'est plus possible en Espagne.

Si le gentilhomme, en nous, respecte la femme, l'Espagnol doit crier aujourd'hui, en trempant sa plume, ce qu'il a souvent crié en tirant son épée, « A bas toute la famille d'Isabelle! »

Républicains, unionistes, progressistes, modérés, carlistes, ont réuni tous leurs efforts depuis plusieurs années pour chasser la mère, et tous se lèveraient comme un seul homme pour repousser le fils.

Non, ils ne voudront jamais d'un enfant..... élevé dans une atmosphère déplorable, et qui ramènerait forcément l'influence désastreuse de la mère, comme la mère a ramené pendant vingt-cinq ans celle non moins désastreuse de Dona Cristina de Munoz, de néfaste mémoire.

Assez de ces deux calamités ; pas d'une troisième.

* * *

La candidature des princes étrangers nous rappelle, malgré nous, le bon Jérôme Paturot à la recherche d'une position sociale. La vérité est qu'il auraient le même sort que le héros de Louis Raybaud, si on osait les présenter.

Espérons qu'on ne l'osera pas.

La tombe du courageux Maximilien, l'assassinat du prince de Servie, les attentats contre les empereurs de France, d'Autriche et de Russie, le steeple-chase des souverains d'Europe pour remplacer le roi de Grèce détrôné, la situation impossible du monarque des provinces danubiennes, la chute d'Isabelle elle-même, sont autant d'enseignements pour les princes qui ceignènt une couronne, et d'avis salutaires pour ceux qui l'ambitionnent ;

Puis ces princes étrangers seraient pour l'Espagne une source de complications internationales.

Pour ne citer que le second fils de la reine Victoria,

On conviendra :

Qu'il froisserait les susceptibilités françaises ;

Que, *protestant*, il serait repoussé par toute l'Espagne, éminemment catholique.

* * *

Prouvons déjà que la *seule solution* de *l'anarchie espagnole* est Charles VII, connu sous le nom de duc de Madrid.

Espagnol par sa naissance, par son tempérament, par ses idées, par ses aspirations, par ses habitudes, Don Carlos apporterait à son pays, soit avant, soit après le 93 péninsulaire, le double principe d'*autorité* et de *légitimité*.

Soyons catégoriques.

Lorsque la souveraineté du peuple, poussée jusqu'au vertige, change à tous propos la forme de gouvernement d'une nation, *la légitimité* seule peut préserver l'avenir de cette nation de ce travail de Pénélope, de cette machine de destruction *à jet continu*.

Or, la souveraineté du peuple a changé en 1833 la loi salique en Espagne.

La souveraineté du peuple a forcé Isabelle, en 1854, à recevoir sa confirmation de Cortès constituantes.

La souveraineté du peuple vient de détrôner Isabelle.

La souveraineté du peuple prétend faire aujourd'hui une autre monarchie ou une république.

Quatre bouleversements en trente-cinq ans, c'est la négation la plus évidente de cette même souveraineté, c'est l'intranquillité à l'état-permanent, c'est la guerre civile, toujours et partout, dans les idées et dans les choses.

Nous ne voulons pas aborder ici la grosse question du *droit divin*, si simple à résoudre ; nous nous plaçons, et pour cause, sur le terrain exclusivement *pratique*.

Cette *tyrannie* de la souveraineté du peuple est d'autant plus dangereuse que la France elle-même a subi son joug trois fois en vingt et un ans.

En 1830 — en 1848 — en 1851.

Si elle pouvait faire le tour de l'Europe, les peuples n'auraient plus de lendemain ; ils vivraient *au jour le jour*, comme a dit imprudemment un ministre français.

Il y a donc urgence à faire respecter le *droit légitime* des trônes contre l'exagération du *droit populaire*.

Don Carlos apporterait à l'Espagne non-seulement les Carlistes, dont l'influence dans les provinces du nord, dans la Catalogne et parmi le clergé est toute puissante, mais la presque totalité des conservateurs modérés, unionistes ou progressistes, car ils sont tous également monarchiques.

Don Carlos apporterait de plus à l'Espagne les sympathies et le concours financier des autres États, surtout de la France, car ils ont tout à gagner avec l'ordre dans la Péninsule et tout à perdre avec le désordre.

On sait que son père, Don Juan de Bourbon, n'a abdiqué en sa faveur que lorsqu'il a été convaincu que Don Carlos comprend et accepte loyalement les aspirations libérales de notre époque, et qu'il se montrera à la hauteur de toutes les circonstances.

Consignons cette abdication :

« N'ambitionnant que le bonheur des Espagnols, c'est-à-dire
» la prospérité intérieure et le prestige extérieur de ma chère
» patrie, je crois devoir abdiquer, et, par les présentes, j'abdique
» tous mes droits à la couronne d'Espagne en faveur de mon
» bien-aimé fils, Don Carlos de Borbon et Este.
» Donné à Paris, le 3 octobre 1868.
» *Signé* : JUAN DE BORBON Y DE BRAGANZA. »

Nous savons que son programme sera la *monarchie représenta-tive dans son acception la plus vraie, la plus large et la plus espa-gnole.* Des Cortès librement nommées représenteront les intérêts si différents des provinces espagnoles, discuteront et voteront les lois et auront tout droit d'initiative.

CHARLES VII SERAIT DONC UN VÉRITABLE ROI CONSTITUTIONNEL, non par concession, mais par conviction.

Élevé à l'école de l'adversité, voulant être LE ROI DE TOUS LES ESPAGNOLS, et non LE ROI D'UN PARTI, il a appris que les institutions d'un peuple sont toujours en harmonie avec l'état de sa civilisation, et qu'elles suivent à la fois les *manifestations intérieures* des masses et le courant des *idées extérieures*. Don Carlos n'arrêtera donc pas la double expression de liberté de l'Espagne et de l'Europe :

1° Parce qu'il est l'homme de son siècle ;

2° Parce que la *vraie liberté* a fait, à une autre époque, la prospérité et la grandeur de l'Espagne.

Il conciliera son *unité catholique* avec ses *devoirs internationaux*.

Il règlera les dépenses *nécessaires*, d'après les recettes *possibles*, donnant personnellement l'exemple des grandes économies.

Il acceptera la vente *des biens nationaux*, que Rome a reconnue par un *concordat*.

Il maintiendra la *liberté de la presse*, dont les écarts seront jugés par les tribunaux réguliers.

Don Carlos n'a de *préventions contre personne*, n'ayant à se *plaindre de personne* : il était trop jeune lors des dernières guerres civiles.

Ce n'est pas le prince *du passé*, c'est le prince *de l'avenir*.

Un dernier mot :

SINCÈRE, il tiendra les engagements qu'il prendra envers tous.

RÉSOLU, il fera son devoir de *prince* et son devoir d'*Espagnol*.

20 octobre 1868.

Paris. — Imprimerie Balitout, Questroy et Cⁱᵉ, rues Baillif, 7, et de Valois, 16.

www.ingramcontent.com/pod-product-compliance
Lightning Source LLC
Chambersburg PA
CBHW050807070726
47595CB00015B/3027